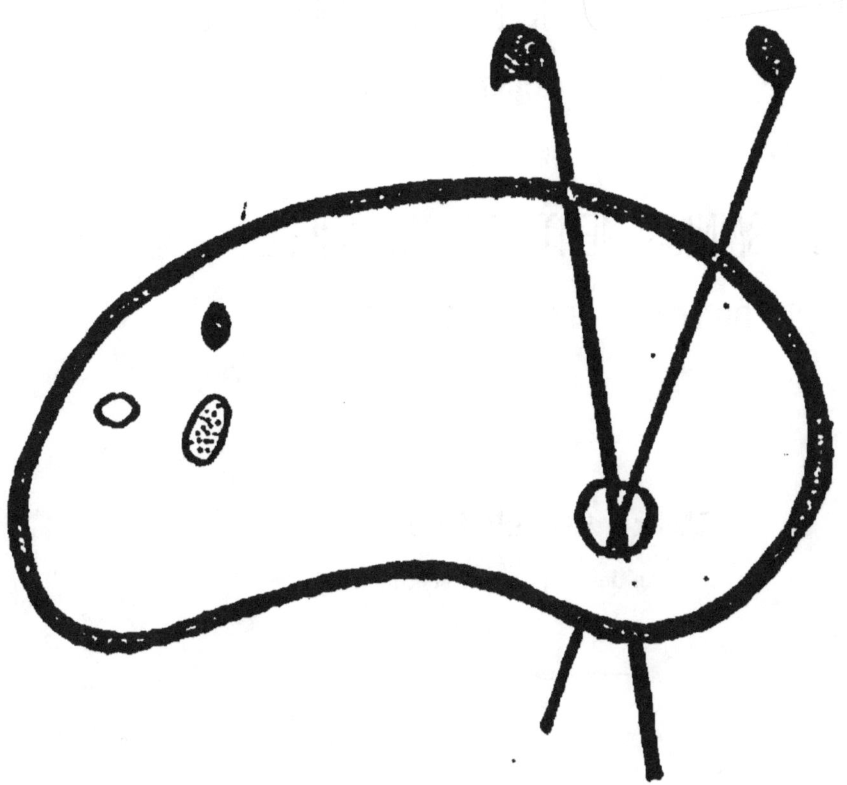

DEBUT D'UNE SERIE DE DOCUMENTS
EN COULEUR

L'OUVERTURE

DE LA

RUE DE L'IMPÉRATRICE

AU DOUBLE POINT DE VUE

DE

L'ASSAINISSEMENT DE MARSEILLE

ET DU TRAVAIL POUR LES OUVRIERS

Prix : 50 centimes

Avec le plan des lieux : 60 centimes.

MARSEILLE

IMPRIMERIE SAMAT

Quai du Canal, 15.

—

1868.

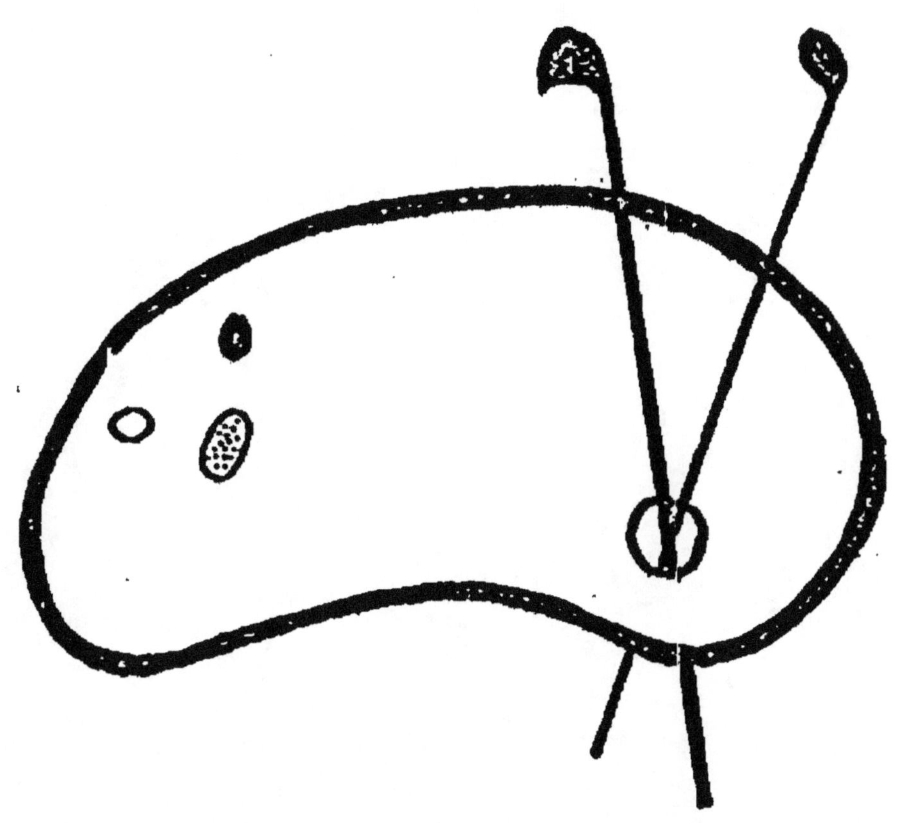

FIN D'UNE SERIE DE DOCUMENTS
EN COULEUR

L'OUVERTURE

DE LA

RUE DE L'IMPÉRATRICE

AU DOUBLE POINT DE VUE

DE

L'ASSAINISSEMENT DE MARSEILLE

ET DU TRAVAIL POUR LES OUVRIERS

AVEC LE PLAN DES LIEUX.

MARSEILLE

IMPRIMERIE SAMAT

Quai du Canal, 15.

1868.

L'OUVERTURE

DE LA

RUE DE L'IMPÉRATRICE

AU DOUBLE POINT DE VUE

DE

L'ASSAINISSEMENT DE MARSEILLE

ET DU TRAVAIL POUR LES OUVRIERS

Avec le plan des Lieux

La création de la rue Impériale marquera dans les fastes de Marseille. Ce fut le point de départ des améliorations hygiéniques que réclamait, avec juste raison, cette grande cité dont la prospérité intéresse la France entière.

Les épidémies de 1865 et 1866 auraient sévi bien plus cruellement, sans l'ouverture de cette grande voie qui excite l'admiration de tout le monde, et qui a fait pénétrer l'air et la lumière dans un quartier composé de ruelles infectes. On reconnaît qu'il ne faut pas attribuer la bénignité relative du dernier choléra à sa naturalisation dans nos pays; le contraire est prouvé par les affreux ravages qu'il a exercés à la même époque à Toulon, à la Ciotat et à Solliès-Pont, où des travaux d'assainissement n'avaient pas été pratiqués.

C'est lorsque le danger est passé qu'il faut, par tous les moyens possibles, en prévenir le retour.

Si on se rend compte des pertes qu'a éprouvées le commerce marseillais dans les dernières invasions cholériques , on atteindra le chiffre de plusieurs millions ; mais ce qui ne peut être calculé, c'est la perturbation qu'apporte dans les familles la mort de ceux qui succombent aux atteintes du fléau. Que ne doit-on pas faire alors pour parer à de semblables éventualités !

Il est reconnu que l'ouverture de grandes artères dans les quartiers étroits et populeux est le plus sûr moyen d'assainir une ville. Il ne faut donc plus s'arrêter dans cette voie, dût-on s'imposer les plus grands sacrifices, et ce serait un crime de lèse-humanité que de rester indifférent aux propositions qui ont pour but de faire disparaître les sources de tant de maux.

Les idées qui ont prévalu dans les sociétés modernes, ont imposé des obligations nouvelles aux gouvernements. Depuis que le suffrage universel forme la base de nos institutions, le Pouvoir, qu'il représente un empire, une république ou une cité, ne peut se maintenir qu'à la condition de veiller avec la plus grande sollicitude aux intérêts de ceux qu'il est chargé d'administrer.

Mais c'est surtout le peuple, ou soit la classe des travailleurs, qui a droit à cette sollicitude des gouvernants. Vivant du jour au jour, incapable de se créer des ressources pour les temps de chômage ou de maladie, ne pouvant fuir, comme le riche, quand survient l'épidémie, le travailleur a droit d'exiger qu'on veille sur son avenir, en écartant autant que possible les causes qui portent le trouble dans ses intérêts.

Loin de nous la théorie qui aurait pour but de garantir absolument le travail à ceux qui sont dans le besoin ; ce serait la ruine de la société ; cette perspective engourdirait toutes les intelligences et serait funeste aux ouvriers eux mêmes, car dès qu'ils pourraient compter sur cette garantie, ils se dégoûteraient promptement de leur travail habituel, et ils ne conserveraient aucune ambition ni aucune initiative. Le droit au travail serait aussi dangereux que le partage des biens.

Mais ce que le peuple peut demander et ce dont tout gouvernement ou toute administration municipale doit se préoccuper, c'est l'affectation de ressources extraordinaires à des travaux d'utilité générale, dans les moments de crise tels que ceux que nous traversons.

Au nombre de ces travaux, il conviendrait de placer en première ligne l'achèvement de la rue de l'Impératrice, car cette question touche à tous les intérêts humanitaires, hygiéniques et commerciaux. En effet, le percement de la rue de l'Impératrice neutraliserait les éléments qui développent ou entretiennent le fléau asiatique lequel exerce encore ses ravages sur les côtes d'Italie et d'Afrique, et peut, d'un moment à l'autre, s'étendre jusqu'à nous.

Il existe entre la place St-Martin et la rue Impériale un amas de maisons infectes qui bordent des rues sales, étroites, tortueuses, et donnent asile aux industries malsaines des chiffonniers.

La rue de l'Impératrice ferait disparaître dans son parcours les rues de l'Echelle, de la Couronne, du Gros-Canon, de la Colonne, de la Robe-Verte, du Moulin-d'Huile, de la Juiverie et du Petit-Cimetière, lesquelles avaient conquis une triste célébrité dans la peste de 1720 et qui, dans toutes les invasions cholériques, ont payé le plus large tribut à l'épidémie.

Ce foyer permanent d'infection devrait disparaître dans l'intérêt de la santé publique, quand même d'autres raisons d'utilité générale ne le commanderaient pas.

L'importance de la rue de l'Impératrice a toujours été appréciée par le commerce et l'industrie, au point de vue des communications entre les diverses parties de la ville. Tout le mouvement, en effet, qui du cours Belzunce ou de la rue l'Aix se porte vers le vieux port, s'effectue péniblement par les rues latérales du Cours, dont la largeur n'est pas suffisante. L'ouverture d'une nouvelle rue donnerait un accès plus direct vers ce port et répartirait le mouvement sur deux voies aboutissant au même point. Aussi la ville est-elle en droit de demander le concours de l'état pour le percement de cette rue qui sera le trait-d'union de deux routes impériales.

Un autre considération peut être invoquée en faveur de la prompte exécution de ce projet: c'est la pénible impression que l'on éprouve en parcourant la rue Impériale dont la plupart des maisons sont désertes et dont plusieurs îlots restent à bâtir.

Comment en serait-il autrement! Cette grande rue n'est rattachée à la partie centrale de la ville que par ses deux extrémités, car on ne peut considérer comme moyens de communication les ruelles qui lui ouvrent un accès sur le cours Belzunce.

Dès que la rue de l'Impératrice sera percée, le mouvement se dirigera dans la rue Impériale par cette nouvelle artère, et l'on ne sera plus attristé de cette absence de vie dans le quartier qui relie si heureusement le vieux et le nouveau port.

Noblesse oblige! C'est au moment où la métropole du midi va recueillir les grands avantages que lui prédisait récemment l'illustre promoteur du Canal de Suez, qu'elle doit se préparer à répondre à ses hautes destinées.

Un grand poëte a dit que la noble cité phocéenne était la façade de la France sur l'Orient; il convient alors, en vue des visites que va lui attirer l'ouverture de l'Isthme, que la partie la plus apparente de cette façade ne se présente pas dans un état misérable d'abandon et de délabrement.

La prospérité de Marseille excite depuis longtemps la jalousie des cités maritimes assises, comme elle, sur la Méditerranée. On est constamment à la recherche d'une voie plus courte pour le transport de la malle de l'Inde, et on espère que le percement du Mont-Cenis diminuera l'écart qui existe entre le

parcours de Marseille et celui de Brindisi à Londres.
On construirait, s'il le fallait, une voie ferrée pour
déposséder Marseille d'un privilége que lui assure sa
position géographique; or, si on trouve une différence
peu importante, on invoquera son état permanent
d'insalubrité, à l'appui de cette préférence anti-
française en faveur d'un port étranger. N'est-ce pas
une raison de plus pour couper le mal dans sa racine,
afin de conjurer le péril qui nous menace?

Après avoir signalé les avantages que notre ville
doit retirer du percement de la rue de l'Impératrice,
qu'il nous soit permis de présenter quelques consi-
dérations à l'appui de ce projet, au point de vue de
la société immobilière dont la situation est peu pros-
père, quoiqu'elle soit loin d'être désespérée.

Il est hors de doute que la ville de Marseille n'est
tenue à aucun sacrifice envers cette société dont les
embarras momentanés ont cependant leur première
origine dans les travaux qu'elle a exécutés pour
créer la rue Impériale. Mais, si en consacrant quelques ressources à l'amélioration d'un état de choses,
dont elle sera la première à profiter, Marseille con-
tribue à relever la société qui a mené à bonne fin
une si grande entreprise, elle aura payé son tribut
de reconnaissance aux actionnaires qui ont versé
des capitaux dans cette affaire malheureuse; elle
s'associera de la sorte aux efforts des personnages
honorables et haut placés qui se consacrent au salut
d'une société dont les opérations ont pu être impru-
dentes, mais qui a fait de grandes choses dans le
pays.

Pas plus que les particuliers, les peuples ne sont
dispensés de l'exercice de cette vertu dont on a dit,
pour prouver que les nobles cœurs savent seuls la
mettre en pratique: «la reconnaissance est semblable
à cette liqueur d'Orient qui ne peut se conserver que
dans un vase d'or. »

Il est certain que l'ouverture de la rue de l'Impératrice amènera la location des immeubles de la rue

Impériale lesquels sont, pour ainsi dire, aban-
donnés.

Si en ce moment la Société Immobilière manque
de ressources, elle pourrait s'entendre avec le Conseil municipal pour céder à la ville, pendant un laps de
temps déterminé, une partie du prix de ces loyers
que l'ouverture de la rue projetée facilitera sans
aucun doute. On arriverait ainsi à répartir la dépense:
1° Entre la ville qui retirera les plus grands avantages de l'exécution de ce projet, lequel doit contribuer
au soulagement de la classe ouvrière, ainsi qu'à
l'assainissement et à l'embellissement d'un quartier,
2° Entre la Société Immobilière dont les maisons
augmenteront considérablement de valeur et qui
en tirera parti plus facilement, et, 3° Entre l'Etat qui
est grandement intéressé à la prospérité de Marseille
ce grand centre commercial de l'Empire.

Mais, dira-t-on, le moment est mal choisi pour
l'exécution de grands travaux. Les recettes de la
ville se ressentent du malaise des affaires, et il fau-
drait engager de nouveau l'avenir de nos finances
pour faire face à ces dépenses.

Voici ce que nous répondrons à cet argument:
Pourquoi les recettes de l'octroi, la principale ressource de la ville, ont-elles baissé? Cette diminu-
tion, comme l'a dit l'honorable administrateur de la
cité dans son lumineux rapport, peut être attribuée
à deux causes: « La première trouverait son explica-
tion dans l'état général des affaires en Europe, la
seconde serait basée sur la presque cessation des
travaux du bâtiment, eu égard à l'impulsion extraor-
dinaire qu'avait reçue cette industrie dans ces dernier temps. Il est bien vrai que la construction des
maisons d'habitation a un temps d'arrêt naturel dans
ses rapports avec les chiffres de la population. »

Nous estimons, nous aussi, qu'une des principales
causes de cet abaissement des recettes, c'est que le
mouvement qui portait les populations agricoles vers

Marseille, s'est ralenti à la suite des deux dernières épidémies.

Il n'y a pas lieu de discuter ici sur l'inconvénient de l'émigration des campagnes vers les villes, mais ce courant existe malheureusement, et si on tentait d'en arrêter la direction vers Marseille, il se porterait sur d'autres grands centres; autant vaut-il en profiter, puisqu'on ne peut pas l'intercepter.

Quant au malaise du commerce et de l'industrie, en faisant la part de la crise qui pèse sur l'Europe entière, ne peut on pas dire que les épidémies ont contribué largement au ralentissement des affaires, dont on se plaint depuis trois ans ? De grandes maisons anglaises qui tenaient à établir des comptoirs à Marseille ont renoncé à leur projet, à la suite des invasions périodiques du choléra. Qui pourra contester en outre que des relations commerciales n'aient été interrompues, pendant l'épidemie, au profit de Paris, de Lyon, du Havre, de Bordeaux et d'autres localités ?

C'est pour conjurer le retour de ces épidémies si nuisibles qu'il convient de prendre tous les moyens indiqués par la science et par l'expérience. Or, l'assainissement d'un quartier, qui est un foyer pestilentiel, est l'un des principaux.

Reculer devant cette dépense qui présente en outre le moyen de soulager de nombreuses familles actuellement sans ressource, ce serait méconnaître les principes d'humanité et les véritables intérêts de la Cité·

Tout le monde, en effet, profitera de l'ouverture de la rue de l'Impératrice, si, comme nous ne cesserons de le dire, une des causes d'insalubrité de la ville disparait, si le commerce et l'industrie en retirent un avantage considérable, et si un grand nombre de malheureux sans travail y trouvent un allégement à leur misère.

Objecterait-on que les loyers baisseraient parce que les maisons de la rue Impériale rencontreraient des locataires? Mais en outre que dans l'intérêt du plus grand nombre cette considération pourrait être invoquée en faveur de l'achèvement de la rue de l'Impératrice, ce serait calomnier les propriétaires d'immeubles de cette grande ville si renommée par son esprit d'humanité, que de supposer qu'ils verront de mauvais œil l'exécution de ce projet, par la seule perspective du préjudice momentané qu'ils pourraient peut-être en éprouver; nous disons peut-être, car l'importance de Marseille est tellement assurée dans l'avenir que rien n'arrêtera sa prospérité, si ses administrateurs continuent à se prêter aux améliorations qu'elle réclame; d'ailleurs, en présence de l'intérêt général, tous les intérêts privés doivent s'effacer.

Mais, dira-t-on encore, à propos du travail que le percement donnerait à la classe ouvrière ; ce ne serait que dans six mois que les travaux pourraient commencer, à raison des délais qu'exigent les nombreuses formalités prescrites par la loi, telles que le jugement d'expropriation , les réunions du jury, etc., etc. Nous répondrons à cette nouvelle objection que le décret d'expropriation pour l'ouverture de la rue de l'Impératrice est rendu depuis longtemps, et c'est la formalité la plus longue à remplir. Mais ce que nous pouvons présenter comme certain, c'est que le jour où le conseil municipal aura décidé l'ouverture de la rue, la Société immobilière ou les entrepreneurs, ses cessionnaires, reprendront les travaux suspendus dans la rue Impériale et en recommenceront de nouveaux. Les ouvriers et toutes les industries du bâtiment trouveront une occupation immédiate, en attendant que les chantiers de la rue de l'Impératrice puissent être organisés, et dès lors, les recettes de l'octroi remonteront à leur niveau.

Les sommes affectées à l'assainissement et à l'embellissement d'une ville, tendent toujours à l'augmentation de ses recettes. La progression constante du budget de Paris prouve bien que cette dépense n'est jamais improductive.

Il convient néanmoins de tenir compte de la situation financière de la ville, en restreignant les travaux projetés à la portion de la rue qui offrira le plus d'avantages, au point de vue de l'hygiène et de la circulation.

Si la dépense est trop considérable, qu'on prolonge seulement la partie de la rue de l'Impératrice déjà commencée, jusqu'à la place St-Martin, ainsi que l'administration municipale en a eu déjà l'idée. L'église sera provisoirement conservée, l'ancien portail pourra être restauré pour faire face à la rue nouvelle dans l'axe de laquelle il se trouvera, les maisons qui enserrent l'édifice seront rasées, et la communication avec le cours Belzunce s'effectuera par la rue Mont-de-Piété, dont le sol sera rectifié, en attendant que les ressources de la commune permettent de donner à la rue la direction qu'elle comporte.

Un jour, l'Eglise sera démolie, et un square élégant qui se trouvera juste en face du prolongement depuis longtemps projeté de la rue St-Ferréol, en prendra la place et apportera quelque peu d'air et de verdure dans un quartier qui en est totalement dépourvu.

Une autre combinaison pourrait encore atténuer l'étendue des sacrifices de la commune. Elle consisterait à faire un appel à toutes ces grandes maisons qui font un si noble usage de leur richesse, et à toutes ces puissantes compagnies qui trouvent à Marseille tant d'éléments de prospérité, en leur demandant les sommes nécessaires pour l'exécution de ce projet, avec promesse de rembourser par un tirage annuel, ces avances non productives d'intérêt.

Répartis sur cinq années, ces remboursements ne dérangeraient pas sensiblement l'équilibre du budget, et les travaux s'effectueraient ainsi sans le moindre trouble dans les finances de la ville.

Tous les Marseillais dévoués à l'avenir de leur pays et au bien être des classes laborieuses, s'associeront, nous en sommes sûr, au projet d'ouverture de la rue de l'Impératrice.

Nul doute que le premier magistrat du département ne saisisse cette occasion de montrer la sollicitude dont il est animé en faveur des grands intérêts de Marseille ; quant à la municipalité, on peut compter sur son concours, dès que la prospérité de la ville se trouve en jeu. Le Conseil municipal voudra certainement attacher son nom à l'une des améliorations les plus urgentes qui soient à l'ordre du jour. Le gouvernement de son côté ne restera pas sourd à l'appel qui lui sera adressé. Nous en avons pour garants les efforts qu'il fait en ce moment pour soulager la misère des classes laborieuses, en veillant avec la plus grande sollicitude à l'importation des blés étrangers.

Le nom que porte la rue projetée rappelle l'Auguste souveraine qui a bravé l'épidémie la plus meurtrière, pour porter des consolations à de malheureuses victimes. Sa bienveillance ne fera pas défaut au projet qui a pour but de prévenir le retour du redoutable fléau.

A l'œuvre donc ! et qu'on ne recule pas devant les obstacles qui peuvent se rencontrer ; la persistance vient à bout de tout. Le succès des comités du Var et des Bouches-du-Rhône est là pour prouver que lorsqu'une idée est juste, le triomphe en est assuré. On marchandait au département du Var, complétement déshérité de voies rapides de communication, un tronçon de chemin de fer de Marseille à Saint-Maximin, coûtant au plus 8 millions, et voilà que, sur les réclamations réitérées d'hommes dévoués des deux départements, le Corps législatif va être saisi du projet d'une ligne de Marseille à Aix, Saint-Maximin, Brignoles et Carnoules, laquelle coûtera plus de 20 millions, et dont l'exécution implique un prolongement sur le chemin des Alpes ainsi que sur Draguignan et sur Grasse.

Il n'y a pas trois ans qu'on regardait comme chimérique la proposition qui fut présentée dans la réunion des comités, d'un embranchement sur Saint-Zacharie, pour desservir la Sainte-Baume, cette villa du peuple : un arrêté préfectoral vient de le placer au nombre des voies ferrées qui doivent être exécutées de suite aux frais du département.

Que des comités soient créés par les hommes dévoués à la prospérité de Marseille et par les ouvriers qui souffrent ; que des démarches actives soient faites auprès du Gouvernement et du Conseil municipal, et bientôt Marseille sera dotée d'une nouvelle rue réclamée par le commerce et par l'industrie ; tout un quartier insalubre sera assaini ; un foyer d'épidémies sera détruit ; de grands chantiers s'installeront immédiatement dans la rue Impériale ; de nombreux intérêts engagés dans la société immobilière, recevront un commencement de satisfaction ; l'étranger ne sera plus attristé par le spectacle d'une rue déserte dont l'abandon fait douter de la prospérité de Marseille ; la classe laborieuse, si éprouvée en ce moment, et dont la résignation est si exemplaire, bénira les sacrifices que la ville se sera imposés pour lui venir en aide, et si l'on croit encore à la Providence, qui rend au centuple le bien que l'on fait aux malheureux, les sommes dépensées en vue du soulagement des ouvriers sans travail, et de l'assainissement d'un quartier, constitueront le meilleur placement des deniers de la Cité.

30 janvier, 1868.

N...

Marseille.— Imprimerie SAMAT, quai du Canal, 15.

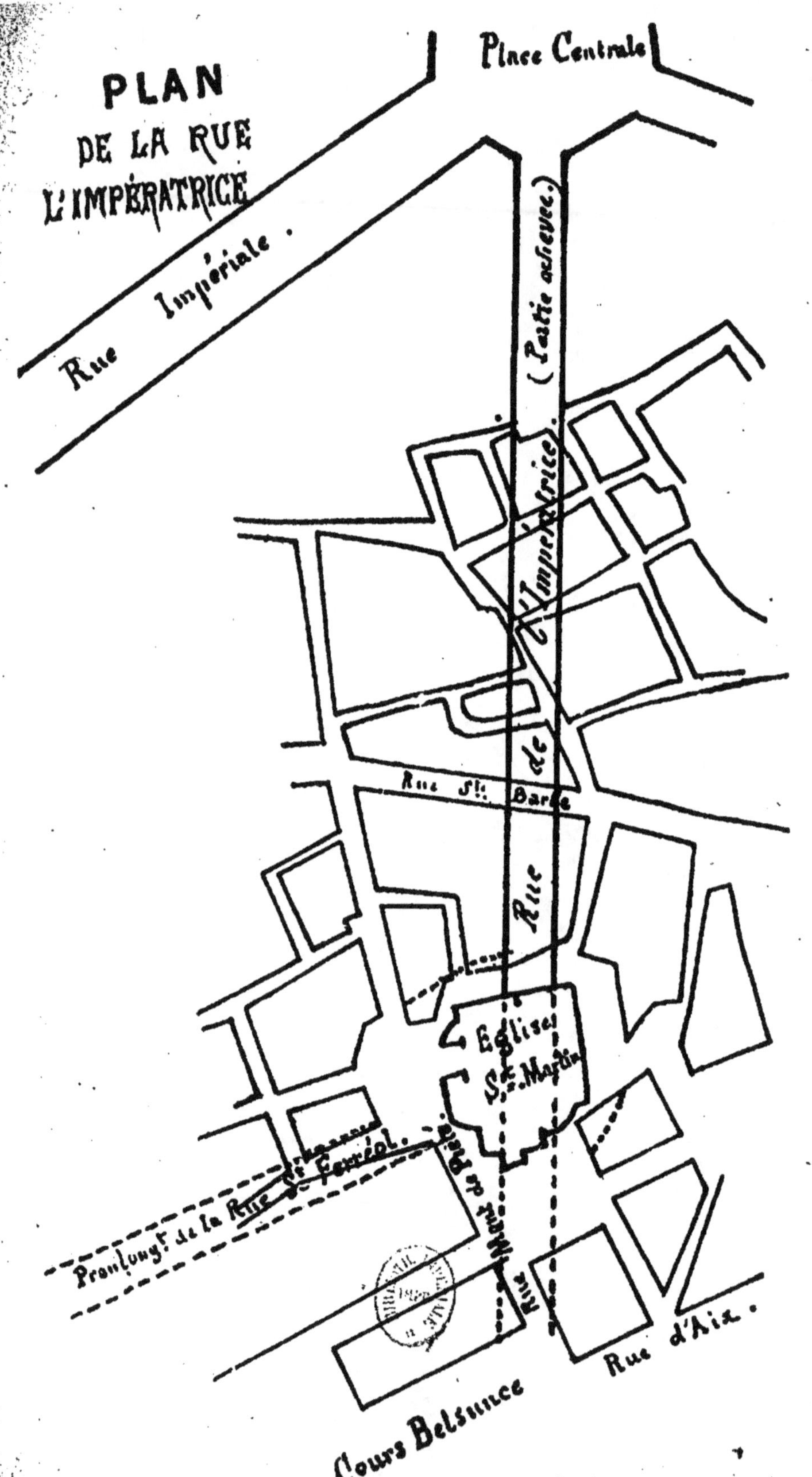

PLAN
DE LA RUE
L'IMPÉRATRICE
Place Centrale
Rue Impériale.
(Partie achevée.)
Rue de l'Impératrice
Rue St. Barbe
Rue
de
Rue
Eglise St. Martin
Prolongt de la Rue St. Ferréol.
Cours Belsunce
Rue d'Aix.

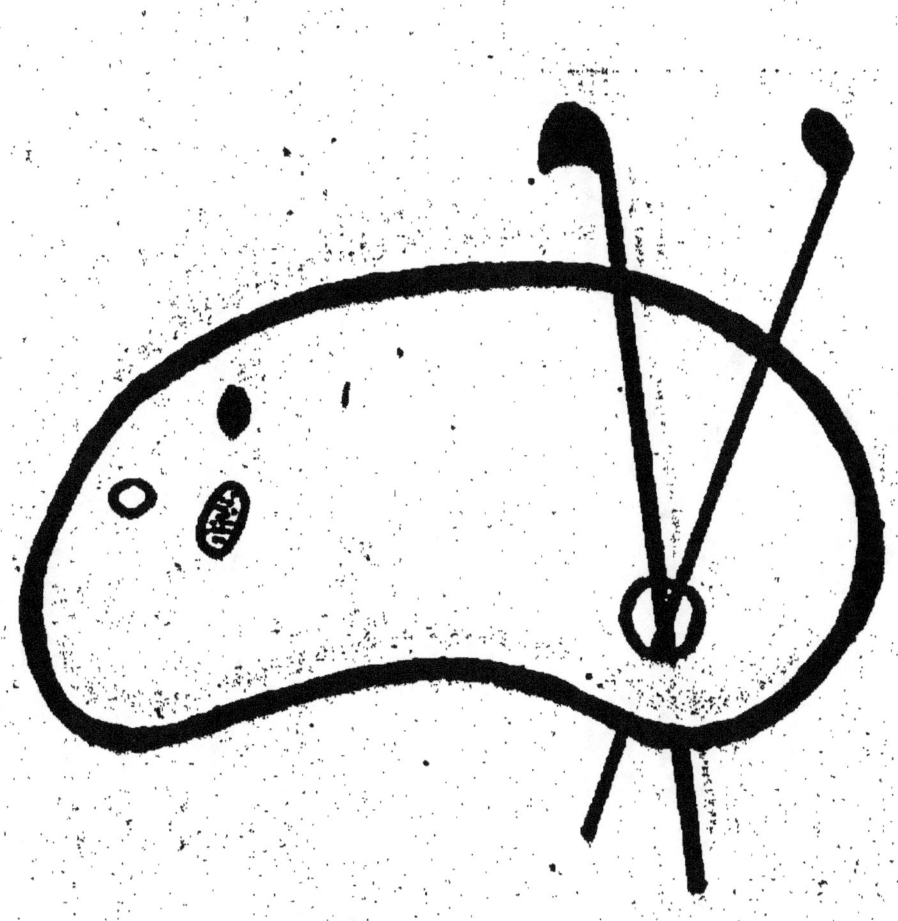